MÉMOIRE

A CONSULTER

Pour M. RABIER, gérant du *Progrès du Loiret,*

Contre QUATRE ARRÊTS

De la Cour d'Orléans.

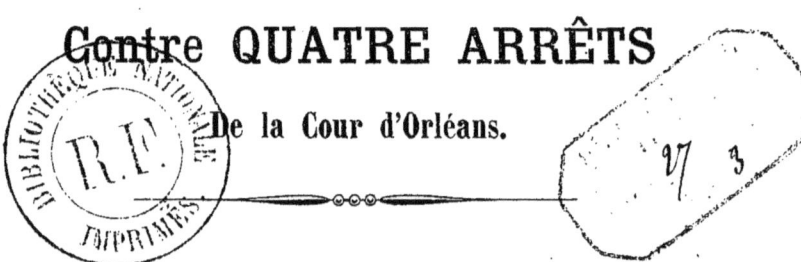

La question du procès est celle de savoir si une personne peut-être poursuivie plusieurs fois devant les tribunaux criminels à raison du même fait.

Spécialement, comme disent les arrêtistes, quarante-cinq personnes désignés dans un article de journal, indivisible dans son contexte, peuvent-elles venir les unes après les autres demander au Tribunal de répression de statuer sur les dommages-intérêts qui leur sont dus à raison du préjudice qui leur a été causé.

Notons bien qu'il ne s'agit pas de savoir si chaque partie lésée a le droit de demander des dommages-intérêts. La partie qui se dit lésée a incontestablement le droit de poursuivre la réparation du tort dont elle se plaint. Le point à examiner est simplement de savoir si le Tribunal de répression est compétent pour statuer sur cette demande en dommages-intérêts après que LE FAIT a déjà été jugé par la police correctionnelle.

En fait : le 2 juin dernier, *le Progrès du Loiret* a publié un petit article ainsi conçu :

« La justice vient lentement, mais elle vient. Une brochure circule en ce moment ayant pour titre : « *le Pilori* et publiant, par département, les noms « de tous les dénonciateurs ou proscripteurs de dé- « cembre 1851. Elle est signée Hyppolite Magen.

« Voici les noms qui touchent particulièrement « le département du Loiret :

« ARRONDISSEMENT D'ORLÉANS. — *Proscripteurs* : A... B... C...

« ARRONDISSEMENT DE MONTARGIS. — A... B... C..., etc. »

L'une des personnes désignées dans cette énumération que n'accompagne aucun commentaire et qui est absolument muette sur la part qui a été donnée à tort ou à raison à chacun des individus dénommés dans les événements de décembre 1851, a déféré le gérant du journal à la police correctionnelle. Le prévenu a demandé son renvoi devant le jury ; le Tribunal, la Cour d'Appel, la Cour de Cassation ont repoussé cette prétention. Le gérant a été condamné du premier coup au maximum de l'amende. On lui a fait grâce de la prison, parce qu'il n'est pas, a-t-on pensé, l'auteur de l'article. Quoiqu'il en soit, on a contre lui relevé non seulement la diffamation qu'il aurait commise à l'endroit du plaignant, mais le ministère public a insisté sur la portée de l'article, en a énuméré toutes les circonstances et a réclamé la condamnation au *maximum* de l'amende, surtout à cause du grand nombre des personnes blessées dans leur honneur et leur considération. Le jugement a suivi pas à pas ce réquisitoire ; d'autre part il a donné au plaignant tout ce qu'il a demandé. La Cour a confirmé la décision des premiers juges par un arrêt dont il est bon de reproduire les termes ; les voici :

« Attendu qu'il résulte de l'article publié, distribué et mis en vente le 1er juin, sous la date du 2, par *le Progrès du Loiret*, que le sieur X..., négociant à Orléans, y est, en termes exprès, indiqué et signalé, pour l'arrondissement d'Orléans, comme un des proscripteurs de décembre 1851 ; — Qu'il y a dans cet article, avec une précision suffisante, l'allégation et l'imputation publiques d'un fait de nature à porter atteinte à l'honneur et à la considération de X... ; que les circonstances de la cause sont exclusives de la bonne foi invoquée par le prévenu ; que par suite Rabier s'est rendu coupable du délit de diffammation prévu et puni par les articles ci-après mentionnés ; — Adoptant au surplus les motifs des premier-juges, confirme leur décision. »

Cet arrêt nous renvoie donc au jugement de première instance, jugement dont il faut par conséquent présenter le texte :

« Considérant, y est-il dit, qu'il est établi dans le numéro portant la date du 2 juin 1872, distribué, mis en vente sur la voie publique, le samedi 1er juin, à partir de quatre heures du soir, le journal *le Progrès du Loiret*, dont Rabier est gérant et imprimeur, a publié un article commençant par ces mots : « La justice vient lentement, mais elle vient, » et finissant par ceux-ci « .... » ;

« Que dans cet article et à la suite des premiers mots : « La justice vient lentement, mais elle vient. » On lit : « Une brochure circule en ce moment « ayant pour titre LE PILORI et publiant par département les noms de tous « les dénonciateurs ou proscripteurs de décembre 1851. » Elle est signée : Hyppolite Magen. — Se trouve une liste par arrondissement des noms des fonctionnaires ou des particuliers appartenant alors au département du Loiret et sur laquelle figure sous le titre : « *Arrondissement d'Orléans,* » le nom de X.....;

« Que l'intention dernière résulte suffisamment du choix fait par le journal *le Progrès* des noms particulièrement connus dans le pays qui étant localisés par l'article incriminé sont plus spécialement signalés à la haine et au mépris publics ; — que l'inscription du nom de X..., rapproché de la rédaction qui précède la liste sur laquelle il figure, lui applique les épithètes de *dénonciateur ou proscripteur* contenant à son égard l'imputation ou l'allégation d'un fait déterminé, de nature à porter atteinte à son honneur et à sa considération ; — que ce qui précède constitue le délit prévu et puni par les articles......... »

Ainsi le Ministère public d'abord, le Tribunal ensuite, et enfin la Cour, qui a adopté les motifs du Tribunal, ont décidé que l'article était coupable dans son entier et non pas dans tel ou tel passage seulement.

Alors, quatre des personnes qui avaient été désignées ont à leur tour assigné M. Rabier à comparaître en police correctionnelle ; celui-ci a décliné la compétence du Tribunal, par le motif qu'ayant été déjà jugé par les tribunaux répressifs, il avait purgé l'action publique, et que la cause étant réduite à une affaire d'argent ne pouvait plus être décidée que par les tribunaux civils, d'après la règle *non bis in idem,* sanctionnée par la loi en forme d'instruction publiée pour l'exécution du Code pénal de 1791, rappelé dans l'article 426 du Code de brumaire de l'an IV de la République et les articles 360, 361, 365 et 379 du Code d'instruction criminelle.

Suivant le prévenu, sa défense ne pouvait souffrir aucun doute, mais il était facile de la justifier par les textes comme par la théorie. Il n'osait pas dire en face aux magistrats qui l'avaient condamné : Je vous récuse parce que votre opinion est connue, vous l'avez manifestée dans votre premier jugement, il plaçait avec raison le débat sur la question de compétence, question qui tient à l'ordre public, et par conséquent digne de l'attention des jurisconsultes.

Notre organisation judiciaire est très-simple. Il y a des tribunaux de première instance auxquels la loi des 16-24 août 1790 a donné la connaissance de toutes les actions que l'intérêt des particuliers peut faire naître. La base de cette action peut être un contrat, un quasi-contrat, un délit ou un quasi-délit. Dans tous les cas, les tribunaux civils de première instance sont incontestablement compétents. Par conséquent si les quatre plaignants avaient porté leur demande devant le Tribunal civil d'Orléans, ils auraient reçu juste satisfaction.

Mais ils ont voulu demander des condamnations pécuniaires à la police correctionnelle, comme si cette juridiction pouvait juger les demandes d'argent, indépendamment de toute application de peine. Ils se sont trompés. Les tribunaux criminels ne statuent sur les dommages-intérêts que dans le cas où ils ont une peine à infliger. Leur compétence est exceptionnelle et ne peut s'étendre arbitrairement. C'est ce que décidait l'article 8 du Code des délits et des peines du 3 brumaire de l'an IV, c'est ce que répète le Code d'instruction en ces termes : « L'action civile peut être poursuivie en même temps et devant les mêmes juges que l'action publique. »

L'exception à la compétence générale est donc limitée à ceci, que l'action civile est reçue devant les juges criminels, lorsque l'action publique y est recevable.

Le prévenu a donc recherché si l'action publique était recevable à raison du fait dont se plaignaient les quatre poursuivants. Pour établir sa thèse, il a examiné ce qu'est, en France, le Ministère public. Il l'y a trouvé, institué par les lois de la Constituante, par les Codes modernes et les décrets sur l'organisation judiciaire, pour veiller à l'exécution des lois. La loi des 16-24 août 1790 qualifie les officiers du parquet du titre d'agents du pouvoir exécutif.

Leur chef est le Garde des Sceaux, représenté dans chaque Cour d'appel par le Procureur général. Ainsi quand un fait criminel a été dénoncé, ce fait doit être poursuivi ou sur l'ordre du Ministre de la Justice ou sur l'ordre du Procureur général du ressort du Tribunal criminel compétent pour juger la prévention ou l'inculpation (C. Instr. Crim., art. 274). De telle façon que partout où se trouve un fonctionnaire chargé de représenter le ministère public, l'instance est réputée contradictoire avec le Ministre de la Justice, avec tous les Procureurs généraux, avec tous leurs substituts. Je n'ai point à apprécier ici cette législation, ceux qui voudront avoir des arguments pour en faire l'éloge peuvent recourir à un article de Garat, inséré dans le *Répertoire de Jurisprudence* de Guyot, répété dans le *Répertoire* de Merlin, au mot ministère public.

Ainsi le Garde des Sceaux, le Procureur général sont chargés de tenir la main à la répression de délits. Mais eux seuls ont le droit d'agir, nul n'est admis à exercer leurs redoutables fonctions. L'article 1er de notre Code d'instruction résume en un mot la situation. Il porte : « L'action pour l'application des « peines, n'appartient qu'aux fonctionnaires auxquels « elle est conférée par la loi. »

Lorsque cet article fut soumis au Conseil d'Etat, il

y eut des observations sur sa rédaction ; mais il a été maintenu et pour son application, il faut étudier le rapport fait au Corps-Législatif par M. d'Haubersaert, président de la section de législation, chargé de présenter l'exposé des motifs :

« La loi qui va être soumise à votre sanction, disait-il, a pour objet la première division de l'instruction criminelle, celle qui concerne la poursuite des délits. Je ne m'arrêterais pas sur les dispositions préliminaires qui ne renferment que des principes peu contestés, si l'un de ces principes ne méritait, par son importance, d'occuper un moment votre attention ; c'est celui qui établit l'action publique SANS DISTINCTION pour tous les délits et qui la rend indépendante de toutes les transactions et de tous les intérêts privés. »

Plus loin cet orateur ajoutait : « Nos lois modernes ont remis la poursuite des délits entre les mains des magistrats et l'accusation a pris le caractère d'impartialité de la loi dont ils étaient les organes ; mais si l'on considère les progrès successifs de nos lois criminelles, on verra combien d'efforts il a fallu au législateur pour arriver au principe du nouveau Code. L'ancienne ordonnance criminelle n'avait pas même osé établir le principe SANS EXCEPTION !.... »

Par conséquent c'est *sans distinction*, *sans exception*, que l'action pour l'application des peines appartient au ministère public, de telle sorte que quand il vient à être désintéressé, en ce sens qu'il n'y a plus possibilité de requérir une peine, les tribunaux criminels sont incompétents pour connaître de la réparation demandée par la victime d'un délit. Nous avons vu en effet, que d'après notre législation l'action en réparation du dommage causé par un crime, un délit ou par une contravention, peut-être exercée par tous ceux qui ont souffert de ce dommage (Code d'inst. crim., art. 1er). Mais que si elle est poursuivie devant le Tribunal de répression, ce doit-être « en même temps et devant les mêmes juges que l'action publique. » (Même code, art. 3).

Ces règles ont quelquefois donné lieu à des difficultés, surtout au début de notre jurisprudence moderne. Les lois romaines et leurs commentateurs, nos anciennes ordonnances, les arrêts et les auteurs permettaient aux parties, même quand l'action publique étaient purgée, de venir demander des dommages-intérêts devant les tribunaux de répression. Cette pratique était trop invétérée dans les esprits, pour disparaître tout-à-coup sans laisser de traces ; la Cour de cassation a eu à la juger, et elle l'a toujours condamnée, sous le Code de brumaire an IV, comme sous notre Code moderne.

Voici d'abord un arrêt du 28 frimaire de l'an VIII.

« Le Tribunal ;

« Vu les art. 154 et 426 du Code des délits et des peines ;

« Et attendu que le Tribunal de police ne peut connaître des dommages et intérêts prétendus par les parties civiles, que lorsque lesdits dommages-intérêts résultent d'un délit de sa compétence; que, dans l'espèce, ce ne pouvait-être que l'objet d'une action purement civile, puisque le Tribunal correctionnel, en prononçant sur le délit, n'avait pas lui-même statué sur les dommages-intérêts ; que dès lors le Tribunal de police n'était nanti de la connaissance d'aucun délit, et que, par suite en accordant des dommages-intérêts, il y a eu de sa part incompétence et usurpation de pouvoir, casse le jugement du Tribunal de police municipale du huitième arrondissement de la commune de Paris, du 18 therm. dernier. »

Voici un second arrêt, dans le même sens, du 28 mars 1808, rendu sur un pourvoi formé dans l'intérêt de la loi. Il est ainsi rapporté :

« Le Tribunal de police de Douvres avait prononcé sur des

dommages-intérêts que l'une des parties contestait, et que l'autre faisait résulter d'un jugement antérieur du même tribunal.

Une contestation de ce genre, par cela seul qu'elle était postérieure au jugement qui avait prononcé les dommages-intérêts, et qu'elle n'avait pour objet la répression d'aucun délit, offrait absolument le caractère d'une contestation civile : dès lors le Tribunal de police avait excédé sa compétence, et commis, sous ce rapport, une usurpation de pouvoir.

La Cour, après avoir déclaré l'adjoint municipal non recevable pour ne s'être pas pourvu dans le délai de trois jours, a, sur le réquisitoire du Procureur impérial, dans l'intérêt de la loi, annulé le jugement, ainsi qu'il suit :

ARRÊT.

« La Cour,

« Vu l'art 456 du Code du 3 brumaire, an IV, n° 6 ;

« Attendu que les Tribunaux de police n'ont pas été établis et n'ont reçu d'attribution que pour la répression des délits soumis à leur juridiction ; que s'ils peuvent statuer sur les dommages-intérêts qui doivent-être la suite de ces délits, ils ne le peuvent que par le même jugement et comme sur un accessoire qui en est l'objet ; mais que ce jugement consomme leur juridiction, et que les contestations qui peuvent s'élever sur l'exécution de la condamnation à des dommages-intérêts, étant nécessairement postérieures à cette condamnation, en sont un objet indépendant ; qu'elles deviennent ainsi une contestation principale, qui, portant sur des intérêts civils, est essentiellement civile, et ne peut-être jugée que par des tribunaux civils ; d'où il suit que le Tribunal de police du canton de Douvres, en prononçant sur une contestation relative à des dommages-intérêts prononcés par un jugement du 29 germ., an 7, rendu par le Tribunal de police du canton de Beni, avec lequel celui de Douvres s'identifiait en 1806, a contrevenu aux régles de compétence, et a commis un excès de pouvoir ;

Casse dans l'intérêt de la loi seulement, etc.

Il est vrai que les plaignants voulaient faire une distinction en disant que l'on était ici dans une matière spéciale. Hélas ! on a écrit bien en vain, paraît-il, seize ou dix-sept cents ans avant nous, qu'il ne fallait pas distinguer où la loi ne distinguait pas : *Ubi lex non distinguit, nec nos distinguere debemus.* On est ici dit-on en matière de délit privé, dont la poursuite n'appartient au ministère public qu'après une dénonciation, donc l'action du ministère public n'est pas complète, n'est pas entière, quand il vient à l'audience. Cette manière de voir est un système qu'il ne faudrait pas opposer à un officier du parquet, sous peine de l'entendre s'indigner au nom de l'indépendance de ses fonctions. Il dirait avec vérité, que s'il ne peut agir avant une dénonciation, il reprend toute son autorité, tous ses droits sitôt que cette dénonciation a été portée. M. Chassan dans son remarquable ouvrage sur les *délits et contraventions de la parole, de l'écriture et de la presse*, a écrit : « Je dois, avant tout, faire remarquer que la poursuite libre, spontanée de la part du ministère public est le principe, tant pour les matières du droit commun que pour les matières spéciales, dont il s'agit ici. Toute restriction dans l'exercice de l'action publique n'est qu'une exception, qui doit être rigoureusement renfermée dans ses limites, au lieu de pouvoir être étendue. »

Un autre commentateur des lois de la presse, M. de Grattier, a émis les mêmes idées, presque dans des termes identiques ; car souvent les deux savants auteurs que nous citons semblent se répéter. Toutefois M. de Grattier a cité, à l'appui de sa théorie, un Arrêt de la Cour de Cassation du 13 avril 1820, dont M. Chassan avait omis de parler, et d'autres arrêts encore que nous négligerons, car ce que nous avons dit suffit à notre thèse qui est celle-ci : le ministère public a seul qualité pour demander l'application des peines et il exerce toujours son action librement et sans restrictions. Partout où il prend la parole, c'est comme agent du pouvoir exécutif et au nom de la société. Il importe peu que le prévenu ait été assigné à la requête d'un particulier ou à celle du Procureur de la République.

Le représentant du parquet présent à l'audience a toujours la même qualité et lui seul peut requérir l'application d'une peine. C'est pourquoi nos lois ont établi ce principe qu'il ne pouvait y avoir qu'une poursuite pour un seul fait. Par conséquent s'il est avéré qu'une poursuite a eu lieu pour un fait quelqu'il soit, le ministère public est désarmé pour ce fait et ne peut plus requérir l'application d'une peine nouvelle, ou même, d'une peine se confondant avec l'ancienne, en un mot l'action publique est éteinte. C'est ce qui résulte des articles 360, 361 et 379 du Code d'instruction criminelle.

L'idée de cette fin de non-recevoir contre une poursuite tendant à l'application d'une peine à un fait déjà jugé se formulait par l'adage latin : *Non bis in idem*, que nous avons déjà cité. Les législations de l'antiquité ne brillaient pas par la logique et il en était de même de celles qui ont régi notre pays jusqu'en 1789, cependant la maxime *non bis in idem* était acceptée par tous les moralistes et tous les jurisconsultes. Elle repose en effet sur des idées sans lesquelles le droit de punir ne saurait être admis. Le législateur a pour but en édictant une peine de donner satisfaction à la morale, de donner un exemple aux citoyens ; il n'a pas voulu que le coupable fut une victime offerte aux passions, plus ou moins avouables de prétendus défenseurs de la vertu. De telle sorte que si un individu a été poursuivi et même acquitté pour un fait, il doit être à l'abri de toute poursuite ; surtout il doit être désormais sacré s'il est intervenu une condamnation. Au cas de condamnation, la morale est vengée, la pénitence est mesurée pour la purification du coupable, l'exemple est donné. C'est ce qui a fait édicter l'article 360 du Code d'Instruction criminelle, copié sur l'article 426 du Code des délits et des peines de l'an IV, qui lui-même avait emprunté son texte dans la loi en forme d'instruction, de 1791. Cet article 360 est ainsi conçu : « Toute personne acquittée légalement ne pourra « plus être reprise ni accusée à raison du même « fait. »

Écoutons ce que rapporte Carnot, dans sa quatrième observation sur notre article n° 4 :

« Modot-Lagorce avait été dénoncé par Ragoulleau, son créancier, comme banqueroutier. Les faits de la plainte tendaient à faire considérer Modot-Lagorce comme banqueroutier *frauduleux* ; cependant la Chambre du Conseil avait renvoyé les parties devant le Tribunal *correctionnel* en prévention de banqueroute simple, et le Tribunal avait prononcé *l'acquittement* du prévenu. Sur l'appel, le jugement avait été confirmé, et sur le recours en cassation, l'arrêt avait été maintenu. Mais depuis, il avait été rendu contre Modot-Lagorce une nouvelle plainte par d'autres de ses créanciers, qui reproduisaient, contre le prévenu, les mêmes faits qu'ils prétendaient caractéristiques du crime de *banqueroute frauduleuse*, et par suite que Modot-Lagorce était réellement un banqueroutier *frauduleux*. Sur cette nouvelle plainte, il avait été fait de nouvelles poursuites, et la Chambre d'accusation avait déclaré *n'y avoir lieu a suivre*, attendu qu'il y avait chose jugée. Le Procureur général avait exercé un recours en cassation contre cet arrêt, dans lequel Modot-Lagorce le soutenait non-recevable et mal fondé. La cause fut jugée le 12 octobre 1811 en faveur du prévenu. »

Merlin, le grand jurisconsulte Merlin, a été appelé à s'expliquer sur ce que voulait dire notre article 360, quand il prohibe de reprendre un individu à raison d'un fait sur lequel il a déjà comparu devant les juges criminels.

« Il n'est pas vrai, dit-il, que lorsqu'un même fait présente deux délits différents, l'on puisse encore poursuivre, à raison de l'un de ces deux délits, ce prévenu qui a été acquitté de l'autre. . . . . . En général il faut bien se pénétrer d'une vérité que consacre l'article 426 du code des délits et des peines du 3 brumaire de l'an IV ; c'est qu'une fois acquitté légalement d'un fait qui lui était imputé à délit, *un accusé ne peut plus être repris ni accusé à raison du même fait.* La loi comme vous le voyez dit *à raison du même fait* et non pas *à raison du même délit*, et pour quoi s'exprime-t-elle de cette manière ? Parce qu'elle veut que le ministère public en présentant une plainte, y expose le fait avec toutes ses circonstances ; parce qu'elle ne veut pas que chaque circonstance du fait puisse faire la matière d'un procès séparé ; parce qu'une fois le fait jugé, toutes ses circonstances le sont également. . . . . . »

L'arrêt, sur ces conclusions rapportées au répertoire sous le mot *non bis in idem*, n° 4, est du 10 juillet 1806 ; on y lit : « Attendu qu'il est de maxime certaine que l'action publique ne peut-être poursuivie dans deux tribunaux pour le même fait, contre le même individu. . . . . . »

Cette doctrine, incontestable en cas d'acquittement, l'est plus encore quand il y a eu condamnation. Traîner plusieurs fois, pour un même fait, un individu devant les tribunaux de répression serait une barbarie indigne d'un pays civilisé.

Tous les auteurs le proclament. Par conséquent

le ministère public n'a plus rien à requérir contre le gérant du *Progrès* depuis le premier jugement et il faut lui appliquer la doctrine enseignée par Mangin, dans son traité de l'action publique, t. 2, n° 458, et rappelé par M. Dalloz, V° peine, n° 187. « Toutes les fois que l'auteur d'un fait défendu par la loi cesse d'être punissable, l'action publique 'a plus d'objet elle ne peut plus être intentée, elle n't iste plus. »

Ainsi quand le gérant du *Progrès* vi it dire qu'il a été poursuivi et condamné pour un art. le et qu'on ne doit pas le reprendre pour le même article, il faut examiner s'il s'agit d'un article pouvant être divisé ou s'il s'agit d'un fait unique. Les lecteurs de ce mémoire ont vu que les lignes incriminées se trouvent en tête d'une énumération d'une certaine quantité de personnes ; qu'il n'y a rien sur chaque nom en particulier ; que les imputations diffamatoires sont surtout sans fractionnement possible. C'est ce que, lors du premier procès, le ministère public signalait aux magistrats de première instance, qui le répétaient dans leur jugement ; c'est ce que l'avocat-général redisait à la Cour d'Orléans, qui l'admettait, en adoptant les motifs des premiers juges. Les organes du ministère public s'étaient imprégnés des saines doctrines de Merlin ; ils avaient fulminé leurs réquisitoires du haut de leurs parquets et n'avaient omis aucune des circonstances, qui devaient aggraver la position du prévenu. Le jugement et le premier arrêt rendus sur le fait l'ont envisagé de même dans son ensemble pour mesurer la peine. Ils l'ont considéré comme un seul tout, et de plus ils ont appuyé sur ce qu'il touchait un grand nombre de personnes, afin de justifier le *maximum* de l'amende, qu'ils portaient contre le prévenu.

Tout cela n'a pas arrêté les poursuites nouvelles

de quatre plaignants, venant demander au tribunal correctionnel d'Orléans de leur donner des dommages-intérêts, à raison du préjudice qui leur a été causé par la publication de leurs noms comme proscripteurs ou dénonciateurs, lors des événements du 2 décembre 1851.

La cause venue à l'audience, pour être plaidée utilement, le gérant du journal a soutenu qu'il ne pouvait être justiciable d'un tribunal répressif, attendu que le fait ayant été apprécié, une peine ayant été prononcée le ministère public n'avait plus d'action à exercer. On citait à ce propos la pratique constante de tous les tribunaux de France, notamment en ce qui touche les accidents de chemin de fer, où la pluralité des victimes n'emporte jamais pluralité de poursuites au criminel. Supposons, disait-on encore, le vol de deux ballots sur un camion de marchandises appartenant à deux personnes distinctes, enlevés en même temps du même lieu ; l'une des parties lésées cite le voleur en police correctionnelle, si l'autre volé veut plus tard se plaindre, il agira devant les tribunaux civils. Ces exemples n'ont pas été contestés dans l'application qui leur était faite de la loi ; mais on a prétendu qu'ils n'étaient pas applicables à la cause. Il s'agit, disait-on d'une matière spéciale dans laquelle le ministère public ne peut pas agir, s'il n'a pas été mis en mouvement par la partie lésée. Il y a autant de diffamés qu'il y a de dénommés, dont il doit y voir autant de poursuites reçues qu'il se présente de plaignants. Le gérant du journal a répondu à son tour : quand il y a deux volés par le même vol, il y a autant de victimes que de parties lésées ; quand il y a deux cents blessures par l'imprudence d'un conducteur de chemin de fer, qui a fait dérailler un train, il y a deux cents parties ayant droit à une réparation. Il n'y a pas de théorie à faire sur ce qu'il n'y a pas de délit de diffamation sans personne diffamée ; car il n'y a pas de délit de blessure sans victime ; ce qui se dit de l'un des délits se répète pour l'autre, sans le moindre changement.

Il faut noter que si la poursuite pour délit de diffamation est subordonnée à la plainte du diffamé, celui-ci n'est pas tenu d'assigner et n'est pas tenu d'être partie civile. Le diffamé peut se contenter de déposer une plainte, la loi ne lui demande que de manifester son intention. Sitôt après, l'action du ministère public est ouverte et son indépendance est complète ; les circonstances seront relevées à l'audience, comme le recommandait Merlin, donc la poursuite sera entière. On ajoutait de la part des poursuivants, encore beaucoup de considérations sur les embarras qu'entraînerait la procédure, s'il fallait aller devant les tribunaux civils, et l'on critiquait fort la marche qui serait suivie. Cette critique de la loi aurait eu un côté plaisant, si l'on n'avait pas été dans un tribunal de répression, c'est une singulière façon de se poser en conservateur de la loi que de venir la saper, à propos de savoir si un condamné sera traîné une fois, deux fois, quarante-cinq fois, par exemple, en Cour d'assises, à propos de l'explosion d'une mine. Enoncer un pareil système, c'est le juger. Mais, disait-on, s'il y avait dans le même article des noms de particuliers et des noms de fonctionnaires, pris à raison de leurs fonctions, la théorie du gérant dessaisirait l'une des juridictions du plaisir de statuer. Ce raisonnement bizarre ne pouvait pas toucher beaucoup le gérant, car l'autorité avait, à Orléans, un moyen facile de trancher la difficulté. En effet, le département du Loiret est en état de siége et la poursuite aurait pu être prise, après les dénonciations, par le général commandant la subdivision militaire. Ainsi tous les raisonnements pour maintenir la poursuite en police correctionnelle tombent d'eux-mêmes, devant la loi. D'ailleurs ce n'est pas à un tribunal de se décider pour sa compétence, en prenant pour motif que s'il ne retenait pas la cause, elle serait mal entre les mains d'un autre juge. Cette prudence exagérée des demandeurs n'aurait pas dû être écoutée, semble-t-il, par les magistrats.

Ajoutons enfin qu'il faut écarter du débat cet argument que le blessé se trouve, d'après nous, privé d'un tribunal qui lui appartient. En effet le tribunal compétent est le tribunal civil, c'est le seul qui ait qualité pour juger, sauf une exception déterminée et qui doit être resserrée dans ses limites les plus étroites. L'exception n'existant plus, nous rentrons dans le droit commun.

Il s'est produit dans la marche de la procédure quelque chose de plus singulier encore qu'on ne le pourrait croire. Quatre plaignants venaient à une seule et même audience demander réparation du dommage que leur causait un article de journal, le même article, c'est bien entendu. Ils comparaissaient assistés du même défenseur, lequel n'a plaidé qu'une fois, auquel le défenseur du *Progrès* n'a répondu qu'une fois, devant le ministère public, qui lui aussi n'a parlé qu'une fois. La raison au défaut d'un texte, disait qu'il n'y avait qu'une seule décision à rendre, parce qu'il y avait connexité évidente entre les causes. L'article 226 du Code d'Instruction criminelle ne laissait aucun doute à cet égard, il est ainsi conçu : « La Cour statuera par un seul et même arrêt sur les délits connexes dont les pièces se trouveront en même temps produites devant elles. » Or, ou il s'agissait d'un seul délit, comme le soutenait le défenseur, ou s'il y avait plusieurs délits, ils dérivaient d'un même fait et dans l'un et l'autre cas, le tribunal devait joindre les causes. Car ce n'est que s'il s'agit de plusieurs prévenus ou de plusieurs faits distincts que cette jonction n'est pas d'ordre public. Il n'est pas bon que les hommes s'habituent à comparaître devant les juges criminels. La crainte que doit inspirer la répression disparaît avec la pratique, et d'un autre côté, on suppose que la peine doit corriger les délinquants. C'est ainsi que le prévenu est, après le jugement, purgé de tous faits antérieurs, quand la peine portée contre ces faits n'est pas supérieure à celle qui était édictée pour le cas soumis aux magistrats. Telle est la disposition formelle de l'article 379 du Code d'instruction. Le gérant du journal n'avait pas à rappeler ces règles. Il s'en tenait à son dire qui renfermait toutes les exceptions et il répétait sans cesse et très-justement aux juges de la police correctionnelle qu'ils ne pouvaient plus le juger. Le Tribunal trouva que les questions étaient graves ; la cause fut remise, puis reportée à l'audience du 20 septembre 1872, dans laquelle il n'y eut pas jonction des causes, mais bien quatre jugements séparés. Les motifs de ces décisions sont identiques pour chacune, prendre l'une, c'est prendre les autres, ainsi nous nous contenterons de copier les considérants pour l'une d'entre-elles, sans examiner le nom du plaignant et ses qualités bonnes ou contestables.

Au fond, statuant sur les conclusions de l'opposant ;
Considérant que l'action en diffamation devant les tribunaux correctionnels appartient, aux termes de l'article 5 de la loi du 26 mai 1819, aux particuliers qui sont attaqués dans des écrits imprimés et publiés ; que quelle que soit, comme dans l'espèce, la matière de l'écrit incriminé, il suffit qu'il contienne à l'égard du plaignant l'imputation d'un fait portant atteinte à son hon-

neur et à sa considération pour légitimer les poursuites intentées à sa requête ;

Considérant qu'on ne saurait soutenir, sans méconnaître et dénaturer le texte de l'esprit de l'article 5 de la loi du 26 mai 1819 qu'un tribunal de répression ne peut plus être valablement saisi sur la plainte d'un particulier dont le nom figure à la suite d'un article diffamatoire sur une liste composée de noms de personnes, avant des intérêts étrangers aux siens, habitant des localités différentes et auxquels s'appliquent séparément en tout ou en partie les faits constituant la diffamation par cette raison qu'une précédente poursuite intentée à l'occasion dudit article dans son intérêt privé par une des personnes diffamées, aurait épuisé les pouvoirs de la juridiction répressive.

Considérant qu'une semblable théorie, outre ce qu'elle a de contraire à l'esprit de la loi, relativement au droit dont elle investit les particuliers, aurait, si elle était accueillie, cette conséquence étrange d'interdire aux fonctionnaires, aux personnes publiques dont les noms figurent sur la même liste que les leurs, la possibilité de saisir la juridiction supérieure de la Cour d'assises, la seule à laquelle ils puissent recourir dans l'état actuel de la législation par ce seul motif que la juridiction correctionnelle aurait été déjà saisie de la connaissance des faits incriminés.

Qu'elle aurait encore pour effet en restreignant le droit des plaignants à une action purement civile de les priver du bénéfice de l'article 20 de la loi du 26 mai 1819 qui interdit la preuve des faits diffamatoires, et de les exposer ainsi au scandale et aux inconvénients des débats dont la préoccupation du législateur a été de les garantir ;

Considérant que l'article incriminé unique à la vérité dans son texte est multiple dans ses effets en ce qu'il contient à l'égard des plaignants séparément et notamment dans l'espèce à l'égard de X..., l'allégation ou l'imputation de faits portant atteinte à leur honneur et à leur considération, d'où il suit que X... a en son nom personnel saisi à bon droit le tribunal de police correctionnelle d'Orléans de la plainte portée contre lui par Rabier.

Considérant d'ailleurs que le Tribunal n'a pas fait au dernier une application complète de la peine, et qu'à ce titre encore la non recevabilité de la poursuite ne saurait être utilement invoquée par lui.

Par ces motifs et sans s'arrêter davantage aux conclusions respectives des parties, le Tribunal reçoit Rabier opposant au jugement rendu par défaut contre lui à la requête de X..., le 27 juillet dernier.

Et statuant sur l'opposition par lui formée, le déclare mal fondé dans son opposition, l'en déboute.

Dis et ordonne que le jugement rendu le 27 juillet dernier au profit de X..., par le Tribunal correctionnel d'Orléans recevra son plein et entier effet.

Condamne Rabier en tous les dépens, etc.

Le gérant s'est pourvu contre les quatre jugements du Tribunal. La Cour les a confirmés dans quatre arrêts identiques, nous en rapportons un :

La Cour ;

Attendu que dans la cause il ne s'agit pas d'un fait unique, mais d'un écrit signalé par divers plaignants comme constituant à l'égard de chacun d'eux divisément le délit de diffamation ;

Qu'il importe peu que les imputations diffamatoires aient été insérées dans un seul article de journal, puisque l'atteinte portée à la réputation de plusieurs personnes créé pour chacune d'elles le droit de rendre plainte;

Attendu qu'on objecte en vain que le Tribunal correctionnel d'Orléans, sur la plainte de Dessaux, ayant par jugement du 15 juin dernier, confirmé par arrêt du 15 juillet, souverainement apprécié l'article incriminé, la maxime : *Non bis in idem* s'oppose à ce que le même article soit devant la même juridiction l'objet d'une nouvelle décision judiciaire, l'action publique s'étant lors de ce jugement exercé dans toute son étendue et les éléments du délit étant les mêmes ;

Qu'en effet le jugement du 15 juin n'a eu a examiner, n'a pu examiner et n'a apprécié l'article incriminé qu'au point de vue du délit dont se plaignait Dessaux et dont il demandait la réparation puisque, en matière de diffamation, la plainte de la partie peut seule mettre en mouvement l'action du ministère public, et que ce n'est que dans la limite de la plainte que s'exerce cette action. Qu'ainsi ce jugement est resté sans influence sur les plaintes que pourraient ultérieurement intentés d'autres personnes se prétendent lésées par le même article, l'autorité de la chose jugée et la maxime : *Non bis in idem* ne pouvant s'appliquer qu'à ce qui fait l'objet de la poursuite ;

Adoptant au surplus les motifs des premiers juges ;

La Cour met l'appellation au néant, reforme le jugement dont un appel, ordonne qu'il sera exécuté selon sa forme et teneur.

Et vu l'article 194 du Code d'instruction criminelle;

Condamne l'appelant aux dépens de son appel taxés, etc.

Le lecteur remarquera la différence qu'il y a entre les motifs du jngement et ceux de l'arrêt. D'après le jugement le fait est unique, comme l'explosion d'une mine, un accident de chemin de fer, et tous autres exemples où les victimes sont multipliées. Le fait n'est pas unique, dit l'arrêt, parce qu'il y a pluralité de plaignants ! ! !

Les jurisconsultes apprécieront.

C'est dans ces conditions que le gérant du *Progrès* s'est pourvu en Cassation pour violation de l'article 226 du Code d'Instruction sur la connexité,

Violation :

De la loi des 16-24 août 1790 sur l'organisation des tribunaux ;

Des articles 1ᵉʳ et 3 du Code d'Instruction criminelle ;

Des articles 360, 361, 365 et 379 du même Code.

F. MALAPERT,
Docteur en droit,
Avocat à la Cour de Paris.

Orléans.—Imprimerie typographique, rue de la Hallebarde, 19,
Rabier, directeur.